AF230580

# LA VÉRITÉ

SUR LES

# CAUSES DE NOS DÉSASTRES

PAR

Un Officier d'état-major

PARIS

LIBRAIRIE MILITAIRE DE J. DUMAINE

LIBRAIRE-ÉDITEUR

**30, Rue et Passage Dauphine, 30**

1871

# LA VÉRITÉ



SUR LES

# CAUSES DE NOS DÉSASTRES

PARIS.—IMPRIMERIE DE J. DUMAINE, RUE CHRISTINE, 2.

# LA VÉRITÉ



## SUR LES

# CAUSES DE NOS DÉSASTRES

PAR

## UN OFFICIER D'ÉTAT-MAJOR

## PARIS

### LIBRAIRIE MILITAIRE DE J. DUMAINE

LIBRAIRE-ÉDITEUR

30, Rue et Passage Dauphine, 30

—

1871

# LA VÉRITÉ



# CAUSES DE NOS DÉSASTRES

D'autres plumes, plus autorisées que la nôtre, re-
traceront sans doute l'histoire de ces derniers temps,
et nous n'avons point la prétention d'aborder ce triste
et vaste sujet ; mais, en présence des épouvantables
désastres que vient de subir notre malheureux pays,
on est porté tout naturellement à se demander quelles
causes les ont amenés et quelles mesures seraient pro-
pres à en prévenir le retour. C'est à cette étude que
nous allons consacrer ces quelques pages, heureux si
nous parvenons à faire ressortir les enseignements
que l'on doit tirer de la funeste expérience de 1870.

Ce n'est point à une cause unique que sont dus les
malheurs qui nous ont frappés ; ils proviennent d'un
ensemble de faits dont quelques-uns semblent, il est
vrai, appartenir exclusivement à la catégorie des
choses militaires ; mais qui, cependant, se rattachent
tous de très-près à un autre ordre d'idées.

Plusieurs écrivains ont essayé déjà de traiter la
question qui nous occupe. Les uns ont attribué nos
revers à l'impéritie des chefs ; les autres, à l'indisci-

pline des soldats, à l'infériorité et à l'insuffisance de
notre matériel de guerre, à l'incurie qui a précédé ou
accompagné les événements militaires du commencement de la campagne. Tout cela est vrai ; mais en as-
signant ces causes à nos désastres, on a oublié de dire
que ces causes ne sont elles-mêmes que la conséquence
matérielle d'un autre fait bien plus grave encore, la
démoralisation profonde de notre société.

Il n'entre pas dans nos vues de faire ici le tableau
de notre affaissement moral ; nous nous bornerons à
constater un état de choses contre lequel aucun lecteur
de bonne foi ne saurait s'inscrire en faux. Dans une
société où la soif inmodérée de jouissances a fait se
développer à l'extrême l'amour de l'argent ; où la con-
sidération s'attache non à la probité, mais à la fortune
bien ou mal acquise ; où le titre d'honnête homme est
devenu, au contraire, le synonyme de dupe ; où tous
les sentiments élevés, l'honneur, le patriotisme, la
loyauté, le dévouement, sont foulés aux pieds ; où toute
croyance est ridicule ; où la religion est bafouée et où
la bonne foi sert de risée à l'intrigue, doit-on s'étonner que la corruption et l'achat des hommes soient
devenus des moyens de gouvernement ?

Et, une fois engagé dans cette voie, une fois le favoritisme intronisé, où pouvait-on s'arrêter ? La coterie
et le tripotage devaient tout envahir ; l'intérêt général
être, partout et toujours, sacrifié aux ambitions personnelles, et, afin de donner satisfaction à tous les
appétits, les grades et les emplois devenaient fatale-
ment la proie de ceux auxquels ils convenaient le

mieux, sans que l'on s'inquiétât nullement de savoir si les hommes que l'on choisissait ainsi convenaient à la situation qui leur était faite.

C'est avec un tel système, développé de plus en plus grâce au concours des sociétés d'admiration mutuelle, que l'on est arrivé, en vingt ans, à inonder le pays de médiocrités de tout genre ; car ce n'est pas seulement dans les rangs de l'armée que nous les trouvons à foison ; soyons sincères, et nous conviendrons que la littérature, les arts, la diplomatie n'ont rien à lui envier de ce côté, non plus que la politique, devenue l'arène où s'étale avec complaisance la médiocrité jalouse et bavarde des avocats.

Dans l'armée, à tous les degrés de la hiérarchie, nous rencontrons toujours nombreux les représentants de cette médiocratie qui, pour mieux s'assurer la conservation des priviléges que la faveur lui a donnés, arrive bientôt à s'entourer d'un cordon sanitaire infranchissable pour quiconque n'est pas initié. Dès lors, non-seulement tout officier sérieux et dénué d'intrigue est oublié ; mais il est prudemment mis à l'écart si, par amour de l'étude ou par désir de se rendre utile, il vient à mettre un doigt indiscret sur cette plaie de l'ignorance qui va toujours grandissant (1).

---

(1) En 1856, l'auteur adressait au Ministre de la guerre un mémoire sur l'instruction qu'il lui paraissait nécessaire de donner aux officiers et sous-officiers dans les corps d'infanterie et de cavalerie : il fut accueilli par une fin de non-recevoir assez formelle pour l'engager à ne pas renouveler cette tentative.

Il est facile de comprendre quel découragement devait, avec un tel état de choses, s'emparer des jeunes officiers qui, entrés dans la carrière avec quelques illusions, s'apercevaient bientôt que les plus louables efforts n'aboutiraient pas à donner satisfaction à la plus légitime ambition. Combien d'entre eux, sortis des écoles avec le désir de compléter par l'étude l'instruction qu'ils y avaient ébauchée, rebutés par le manque d'encouragement et par le préjudice que leur faisaient subir de nombreux avancements injustifiés, ont peu à peu renoncé au travail pour se jeter dans cette vie de café si funeste et si démoralisante, et laissé perdre dans l'oisiveté des facultés précieuses qu'il eût été si aisé de mettre à profit !

L'Algérie, que, par une fatale erreur, on s'est obstiné si longtemps à appeler une école de guerre, n'est point étrangère à cet abaissement du niveau de l'instruction dans l'armée. La stratégie étant à peu près inutile en présence d'un ennemi dépourvu de toute connaissance militaire, muni de mauvaises armes et n'ayant pas d'artillerie, non-seulement les études sérieuses sont profondément dédaignées de la plupart de ceux qu'on appelait les Africains ; mais encore la plus élémentaire de toutes, celle de la théorie, est absolument mise de côté, et il n'est pas rare d'entendre des officiers, rentrant dans les garnisons de France, invoquer comme une excuse légitime de leur complète ignorance à cet égard leur récente arrivée d'Afrique. L'Afrique ne sert plus, dès lors, à certains officiers, plus jaloux d'obtenir de l'avancement et des distinc-

tions que soucieux de les mériter, qu'à leur faire
acquérir des titres de campagnes à bon marché. Nous
verrons tout à l'heure combien ces mêmes campagnes
nous ont été funestes à un autre point de vue.

Mais si un grand nombre d'officiers paraissent
ignorer même l'existence de quelque chose qui s'appelle l'art militaire, il est juste de convenir que cette
ignorance ne date pas d'aujourd'hui. Le maréchal
Bugeaud l'avait déjà constatée de son temps, puisque,
dans ses *Instructions pratiques pour les troupes en
campagne*, nous lisons ce qui suit :

« Quand on essaie de poser un principe sur la
« guerre, aussitôt un grand nombre d'officiers,
« croyant résoudre la question, s'écrient :

« Tout dépend des circonstances : comme vient le
« vent il faut mettre la voile. »

« Mais si d'avance vous ne savez pas quelle est la
« voile qui convient pour tel ou tel vent, comment
« mettrez-vous la voile selon le vent?

« Ces observations, trop habituelles, doivent nous
« faire penser que ces militaires jugent impossible,
« et peut-être même dangereux, de poser des prin-
« cipes. Essayons de détruire cette erreur. »

Qu'a-t-on fait pour dissiper ces ténèbres?... Rien
de sérieux. On a créé à grands frais des camps d'instruction. Ces camps pouvaient facilement devenir de
véritables écoles militaires, où les uns auraient perfectionné des études que les autres auraient abordées
pour la première fois; ils ne sont devenus que des
écoles de dévergondage et d'indiscipline. Les manœu-

vres qu'on y exécute sont des représentations théâtrales plus ou moins réussies, dont la mise en scène, réglée d'avance, aboutit invariablement à la distribution de récompenses qui est la préoccupation capitale de la saison. Du reste, on n'y enseigne ni aux soldats ni aux officiers rien de ce qui peut leur être utile en campagne : on n'apprend pas même au soldat à dresser sa tente, à l'officier à placer une grand'garde, à diriger une reconnaissance, à éclairer ou à flanquer une colonne, à aller en découverte; si bien que, lorsque vient la guerre, officiers et soldats y apportent une égale inexpérience. Sur vingt officiers pris au hasard, les trois quarts au moins sont incapables de faire le difficile service des avant-postes ; ce n'est donc pas aux généraux seuls qu'il faut s'en prendre s'ils sont presque constamment surpris jusque dans leurs bivouacs. Dans l'infanterie, l'instruction théorique de l'officier arrive à peine à l'école de bataillon ; dans la cavalerie, elle ne dépasse pas l'école d'escadron. Quant au service en campagne, c'est à peine si on l'effleure, et, tandis que pour les autres règlements on exige une récitation littérale et inintelligente, on ne demande pour ce dernier que d'en connaître vaguement le sens, retenu après une lecture rapide et oublié tout aussitôt.

Constatons en passant que le règlement du 3 mai 1832 sur le service en campagne, excellent pour l'époque où il a paru, est loin d'être aujourd'hui au niveau des changements que le perfectionnement des armes et des moyens de guerre a introduits dans l'art militaire, et qu'il a besoin d'être refait ou complété dans un très-grand nombre de ses parties.

Jusqu'à ces dernières années, aucun règlement ne fixait l'emploi de la cavalerie. En 1868, le ministre de la guerre fit paraître sous le titre d'*Observations sur le service de la cavalerie en campagne* un petit opuscule basé en grande partie sur les principes émis par le général de Brack, et qui est à lui seul un manuel complet à l'usage de cette arme. Mais il ne suffisait pas d'énoncer des principes; il fallait faire de leur étude une obligation pour tous, et profiter des loisirs de la paix pour en rendre la pratique familière non-seulement aux officiers, mais encore aux simples cavaliers, car, pour qu'une opération militaire s'exécute bien, il faut que chacun, depuis le premier jusqu'au dernier, y ait été sérieusement et complétement préparé. Un petit peuple, voisin de nous, et que sa neutralité reconnue met presque complétement en dehors de toute éventualité de guerre, a compris cette nécessité; aussi, tandis que la cavalerie française y est absolument impropre, la cavalerie belge étudie et sait mettre en pratique ce service des éclaireurs que nous avons vu nos ennemis exécuter partout avec une admirable régularité.

La connaissance parfaite du terrain sur lequel on opère est, de l'aveu de tous les hommes compétents, une condition essentielle de succès. Les cartes topographiques à une assez grande échelle peuvent seules donner cette connaissance. Or, tandis que, dans l'armée prussienne, chaque officier, chaque sous-officier même était, pendant la dernière campagne, pourvu de la carte au $\frac{1}{80,000}$ de tous les pays traversés, nos généraux en chef eux-mêmes n'en possédaient pas et étaient réduits, pour se diriger, à acheter en passant dans les villes, les mauvaises cartes géographiques que l'on vendait à l'usage des élèves de l'école primaire (1). Avouons, d'ailleurs, que, dans l'armée française, une pareille prodigalité manquerait son but, le plus grand nombre des officiers n'étant pas à même de lire une carte. Nul ne peut savoir ce qu'il n'a pas étudié, et nous répéterons ici ce que nous n'avons pas manqué de dire chaque fois que l'occasion s'en est présentée : rien n'a été fait pour donner en ce sens aux officiers des corps l'instruction même la plus élémentaire. Chaque année, à l'inspection générale, on exige, il est vrai, des officiers qu'ils fournissent un travail topographique ; mais personne n'ignore que ces travaux, le plus souvent, ne sont pas l'œuvre de ceux qui les ont signés.

L'étude pratique de la topographie met celui qui s'en est sérieusement occupé à même de se rendre compte sûrement et rapidement des formes et de la nature du terrain, et cette aptitude est des plus précieuses en campagne. Malheureusement, cette étude est peu en honneur dans l'armée française, même

---

(1) L'auteur a vu entre les mains de simples sous-lieutenants prussiens les feuilles de la carte de France de l'état-major, et il croit pouvoir affirmer que, dans tout le corps d'armée auquel il appartenait, il n'en existait pas un seul exemplaire.

parmi les officiers d'état-major, dont un grand nombre reculent devant les fatigues qu'elle impose, et nous nous souvenons d'avoir entendu un général sorti du corps appliquer l'épithète de fainéants aux officiers qui exécutaient dans les hautes montagnes de la Savoie le levé des départements nouvellement annexés.

Nous avons parlé de l'impossibilité où se trouve l'armée française de se garder et de s'éclairer, par suite de l'ignorance du plus grand nombre relativement au service des reconnaissances et des avant-postes. Il est une autre manière de se renseigner au sujet de l'ennemi que nous ne pratiquons pas mieux; nous voulons parler de l'espionnage. Nous ne répèterons pas ici les arguments qui ont été plusieurs fois déjà reproduits en faveur de l'emploi des espions; il faudrait être absolument étranger à l'art de la guerre pour méconnaître leur immense utilité. On a voulu faire honneur au caractère français de leur absence complète dans nos armées; les véritables raisons de cette absence sont toujours les mêmes que nous trouvons à toutes nos fautes et que nous déplorons amèrement: l'ignorance et l'incurie; nous ne savons pas nous servir des espions et nous ne voulons pas nous donner la peine de l'apprendre.

Le tableau que nous venons d'esquisser, et que, sans la crainte de donner à cette étude un développement hors de propos, il nous serait facile de compléter, pourrait être taxé d'exagération, si nous ne nous hâtions d'ajouter qu'il y a encore dans les rangs de l'armée bon nombre de généraux et d'officiers

instruits et intelligents. Malheureusement, ces derniers
sont perdus dans la foule, et, comme nous l'avons signalé déjà, tous les efforts des coteries ont tendu,
depuis bien des années, à les laisser de plus en plus
enfouis dans l'obscurité, afin de ne pas porter ombrage
aux médiocrités intrigantes qui tiennent la corde.

Avec de tels errements, on n'a point lieu de s'étonner
si des fautes nombreuses ont été commises, et si une
impardonnable incurie a préparé les désastres que
nous subissons. « Après moi, le déluge, » disait
Louis XV, et le mot est resté célèbre; il semble que
les hommes de l'Empire, qui ne le prononçaient pas,
aient agi constamment avec la seule préoccupation de
jouir du présent sans aucun souci de l'avenir.

Nous avons vu combien peu l'on s'était occupé,
depuis vingt ans, de relever le niveau toujours décrois-
sant de l'instruction dans l'armée. Ce n'est pas tout.
A une époque où les progrès de la science marchent
avec une rapidité sans précédents, où ces mêmes
progrès, appliqués à l'art de la guerre, lui font nécessairement subir de profondes modifications, et sont
cause que les moyens mécaniques en usage hier,
deviennent insuffisants aujourd'hui ; qu'a-t-on fait
pour maintenir notre matériel de guerre à la hauteur
où s'était placé celui d'une nation contre laquelle nous
devions inévitablement nous heurter un jour? On a
changé l'armement de notre infanterie et substitué au
fusil se chargeant par la bouche le fusil se chargeant
par la culasse. Il y avait certainement là une notable
amélioration, bien qu'un peu de réflexion suffise pour

faire apercevoir que cette amélioration est peut-être moins réelle qu'elle ne le paraît. En effet, en adoptant le fusil à aiguille, on a eu en vue d'obtenir trois résultats : une plus grande rapidité de tir, une plus longue portée et une plus grande justesse. De ces trois résultats, le premier seul a été réellement atteint, et c'est peut-être regrettable, car la rapidité d'un tir qu'il n'est pas toujours possible à celui qui commande de régler à sa volonté a pour conséquence le prompt épuisement de munitions difficiles à remplacer. On trouve, rarement, du reste, l'occasion d'utiliser ce tir rapide. Quant à la justesse, elle est à peu près illusoire au delà des distances où l'on avait l'habitude de tirer avec l'ancien fusil, car on n'obtiendra jamais du soldat qu'il se serve de la hausse quand il combattra en ligne, et on l'obtiendra bien difficilement dans le combat en tirailleurs, à moins que l'on ait affaire exclusivement à des hommes longuement exercés et expérimentés. La longue portée de l'arme ne rend pas non plus les services que l'on en attendait, car, pour être bien efficace à des distances si considérables, il faudrait que le tir fût dirigé sur des masses et non sur des hommes isolés que l'on aperçoit à peine. Or, avec la tactique en usage actuellement, l'occasion se présentera très-rarement de tirer sur des masses assez éloignées pour rendre bien utile cette augmentation de portée (1).

---

(1) A une très-grande distance, le tir d'une arme de précision n'est pas plus redoutable que celui d'une arme ordinaire, car, justement à cause de la régularité mathématique de la trajectoire,

Malgré tout cela, l'adoption du fusil chassepot n'en resterait pas moins une excellente mesure, ne fût-ce que pour rendre au soldat la confiance dans son arme, confiance que lui avaient fait perdre les appréciations erronées de personnes étrangères à la guerre, attribuant au seul fusil à aiguille les succès des Prussiens en 1866. Mais cette mesure était incomplète du moment que l'on conservait à l'artillerie son ancien armement.

L'artillerie, qui n'était autrefois qu'une arme accessoire, était appelée, par le perfectionnement des engins dont elle dispose, à devenir en Europe l'arme principale. Les services qu'elle nous a rendus pendant la campagne d'Italie devaient nous le faire pressentir déjà, et les travaux considérables de la Prusse en vue de ce perfectionnement étaient de nature à attirer la sérieuse attention de notre gouvernement. Ces travaux n'étaient pas un mystère pour nous ; depuis plusieurs années nous entretenions à notre ambassade de Berlin un attaché militaire qui était un officier d'artillerie, et les rapports qu'il adressait au ministre devaient avoir déjà donné l'éveil, quand nous avons vu figurer à l'exposition universelle de 1867 les canons de tous les modèles envoyés par les puissances étrangères.

La haute commission militaire, en examinant les divers systèmes de canons de campagne se chargeant

---

la moindre erreur dans l'appréciation de la distance, l'écart le moins sensible de perpendicularité de la hausse, produisent des déviations considérables, et le tir devient dès lors une question de hasard, aussi bien avec une arme qu'avec une autre.

par la culasse, et notamment ceux qui étaient exposés par la Prusse, n'a porté son attention que sur un seul point, et précisément sur celui qui méritait le moins de l'attirer. Elle n'a reconnu à cette arme, sur les canons actuellement en usage dans l'armée française, d'autre supériorité que celle d'un chargement plus rapide. Or, cette plus grande rapidité est au moins fort contestable, et, en la supposant acquise, elle ne constituerait, en effet, qu'une amélioration de peu d'importance. Mais la commission a glissé sur les avantages réels et incontestables du chargement par la culasse ; le forcement parfait, qu'avec ce mode de chargement on peut donner au projectile, grâce à la chemise de plomb dont il est enveloppé, procure au tir une justesse et une portée infiniment supérieures à celles de nos pièces, dans lesquelles le forcement, produit par des ailettes, est loin d'être complet. En outre, l'obus que l'on place avec la main dans la pièce peut être armé d'une fusée percutante qui le fait éclater juste au point d'arrivée, et que nous ne pouvons employer en chargeant avec le refouloir. On a objecté qu'un certain nombre de ces projectiles, rencontrant une surface molle, telle qu'un sol marécageux ou simplement une terre labourée profondément, s'y enfonçaient sans éclater. L'objection est fondée ; mais, outre qu'il n'est pas impossible de remédier à cet inconvénient, nous pensons que le nombre des projectiles ainsi perdus est bien inférieur à celui de nos obus qui, par suite de la difficulté de régler la fusée, éclatent souvent en l'air avant d'arriver au but.

Quoi qu'il en soit, la justesse de l'artillerie prussienne et sa portée bien supérieure à celle de nos canons, en permettant souvent à l'ennemi de démonter nos affûts et de décimer notre infanterie à des distances où nos obus ne pouvaient l'atteindre, ont été une des principales causes de nos désastres; cela est incontestable. Nous ne rechercherons pas comment la haute commission militaire, dont faisaient cependant partie quelques hommes compétents, a pu s'égarer à ce point dans ses appréciations; nous nous bornons à signaler le fait et ses déplorables conséquences.

On a compté beaucoup sur nos mitrailleuses, construites et essayées avec le plus grand mystère. Ces engins, qui, à l'époque encore récente où la tactique consistait à opposer des masses contre des masses, et où, par conséquent, l'infanterie jouait le rôle principal, auraient en effet produit dans les rangs de celle-ci des ravages épouvantables; ces engins, disons-nous, sont beaucoup moins redoutables pour un ennemi dont l'artillerie à longue portée constitue la plus grande force. Aussi, bien qu'en plusieurs circonstances les mitrailleuses aient fait éprouver à l'ennemi des pertes sensibles, leur emploi, cependant, est loin d'avoir répondu à l'attente générale, parce qu'il était souvent rendu impossible par la distance énorme à laquelle l'artillerie prussienne nous accablait de ses projectiles. Nous ne prétendons pas pour cela qu'il fallût renoncer à se servir des mitrailleuses; mais nous pensons qu'il eût été plus urgent de se procurer des canons capables de lutter contre ceux de nos adversaires.

Ici encore, la Belgique nous avait donné un exemple que nous aurions dû suivre, et, tandis que notre artillerie conservait son vieux matériel, l'artillerie belge avait, depuis plusieurs années déjà, adopté le canon prussien en le perfectionnant.

Faisons la part de chacun. Si le gouvernement impérial est en cela coupable de négligence, sa faute n'est-elle pas en partie atténuée par les difficultés sans nombre que lui suscitait, chaque fois que le budget de la guerre était mis en discussion, une opposition systématique et imprévoyante? Nous disons imprévoyante, car il n'est donné à personne d'affirmer qu'il ne se présentera jamais une circonstance imprévue où la guerre deviendra inévitable. Et, quand les événements accomplis en Europe depuis plusieurs années démontraient que la force était désormais pour un pays la seule garantie de sécurité; quand toutes les puissances, mêmes les moins exposées aux chances de la guerre, travaillaient autour de nous à perfectionner leur organisation militaire, c'est par un déplorable aveuglement que l'on tentait périodiquement d'affaiblir la nôtre sous prétexte d'économie. « Il n'y a de cher », dit l'auteur des *Maximes et Instructions sur l'art de la guerre*, « il n'y a de cher que la paix onéreuse qu'on « subit à la suite d'une guerre mal conduite : les « moyens de se procurer la victoire sont toujours bon « marché, relativement. »

Il n'est pas sans intérêt de rapprocher ces paroles de celles que, récemment, M. Thiers prononçait à la tribune du Corps législatif :

« Savez-vous pourquoi l'Autriche, avec une armée
« admirable, une armée dévouée à l'Empire, a éprouvé
« de si grands malheurs? C'est parce que par des ré-
« ductions imprudentes dans le budget de l'armée, on
« avait mis le gouvernement autrichien dans l'impos-
« sibilité de faire face à tous les besoins de la guerre. »

« .....Quand on parle de désarmement, on parle
« d'une chimère ; le désarmement est impossible en
« Europe, par cette raison toute simple que tout le
« monde en Europe est sur le pied de paix à l'instant
« où je parle ; mais que certaines puissances ont
« changé et leur territoire, et leur population et leurs
« armées, et leur situation tout entière.

« Je suis pour la paix ; mais, pour que nous la
« conservions, il faut que nous restions imposants. »

Et plus loin :

« Vous parlez des souffrances qu'entraîne notre
« système militaire ; on le dit, ce système trop oné-
« reux pour les peuples : eh bien ! savez-vous ce qu'il
« y a de plus cruel pour une nation? C'est de n'avoir
« pas, quand le moment est venu, une armée parfai-
« tement organisée. »

Ce que les hommes d'un sens éminent ont pu dire
à diverses époques sera éternellement vrai. N'est-ce
pas dans ces paroles du maréchal Bugeaud que nous
trouvons la véritable cause de cette opposition con-
stante à tous les efforts tentés pour élever notre organisation militaire à la hauteur que commandait le soin
de notre sécurité ?

« Nous ne sommes point encore arrivés à cette

« fusion des intérêts de tous les peuples que quelques
« esprits ont rêvée et qui doit assurer, selon eux, une
« paix universelle et éternelle. Jusque-là, notre nation
« plus que toute autre, est dans la nécessité de cultiver
« cet esprit militaire qui fonda, sous nos rois absolus,
« la plus glorieuse et la plus puissante des monarchies ;
« par des victoires, il fit durer la révolution de 1789
« et lui donna l'autorité du temps, la plus puissante
« de toutes ; sous l'Empire, il éleva si haut le nom
« français que le respect des peuples et des rois durait
« encore quand la Révolution de 1830 éclata, ce qui
« nous permit de développer en paix nos institutions
« libérales, notre commerce, notre industrie et d'im-
« menses travaux publics.

« L'Angleterre, l'Amérique du Nord peuvent, sans
« le même danger que nous, négliger jusqu'à un
« certain point de cultiver l'ardeur martiale des peuples
« et des armées de terre. L'une est insulaire et pos-
« sède la plus puissante marine du monde ; l'autre,
« séparée des puissances militaires par 2000 lieues de
« mer, ne peut être attaquée que par de faibles armées,
« et l'étendue de son territoire lui vaut mieux qu'un
« triple rang de forteresses.

« Mais nous, qui touchons par 400 lieues de fron-
« tières à des voisins guerriers et puissants, nous que
« des gouvernements absolus n'ont pas vus sans om-
« brage faire une seconde révolution pour reconquérir
« et consolider les principes de 1789, pourrions-nous,
« sans imprudence, délaisser les vertus militaires ?
« Des esprits ombrageux, les croyant dangereuses,

« désarmeraient volontiers, en présence de l'Europe
« despotique qui a conservé et perfectionné les armées
« qui luttèrent contre l'Empire. Quelle inconcevable
« et fatale erreur que celle qui les porte à redouter
« davantage les troupes de la France constitutionnelle
« que celles de l'étranger! Est-ce que nos enfants
« perdent l'amour de la patrie et des institutions dès
« qu'ils sont enrégimentés et disciplinés? Non ; ils
« n'en sont que plus dévoués. Sans doute ils seraient
« redoutables aux factieux qui attaqueraient le gouver-
« nement et les lois du pays ; mais par le même sen-
« timent ils ne prêteraient point leur bras à un pouvoir
« assez insensé, s'il pouvait s'en trouver un, pour
« tenter de nous enlever des conquêtes si chèrement
« achetées. » (*Instructions pratiques pour les troupes
en campagne*).

Oui, certes, nous n'hésitons pas à le déclarer, si
l'émeute descendait dans la rue, même sous le gouvernement qui lui serait le plus antipathique, le devoir
impérieux d'un chef militaire serait de la réprimer
énergiquement. Mais ceux-là seuls qui, invoquant
sans cesse dans leurs discours le patriotisme qu'ils
n'ont pas dans le cœur, sont tout prêts à s'écrier
au contraire : « Périsse la France plutôt que mon
parti, » ceux-là seuls ont à redouter de voir en France
une armée nationale solidement organisée.

Nous avons signalé jusqu'ici quelques - unes des
fautes qui ont précédé l'entrée en campagne. Nous
n'avons pas l'intention d'énumérer toutes celles qui
ont été commises depuis ; ce serait faire l'histoire de

la guerre, et nous avons déclaré en commençant que nous ne voulions pas entreprendre une tâche aussi considérable. Nous ne pouvons, cependant, nous dispenser d'en indiquer quelques-unes dont l'influence a été trop directe sur l'insuccès de nos opérations.

Dès le début a été inauguré ce système de petits paquets dont la conséquence inévitable était de faire écraser successivement chacune des fractions éparpillées sur un développement de près de cent lieues (1). Que l'intention de ceux qui dirigeaient ait été d'agir offensivement ou de garder la défensive, cette dissémination n'en était pas moins funeste et contraire aux principes les plus élémentaires de l'art. Dans l'offensive en effet, on doit, en pénétrant sur le territoire ennemi, commencer par agir en masse avec toutes ses forces, et faire en sorte d'obtenir les premiers avantages. Après quelques succès préliminaires, on tente de frapper un grand coup, et ce n'est qu'après ce résultat obtenu, une fois que l'on a bien établi sa supériorité matérielle et morale, que l'on peut subdiviser

---

(1) Au lieu de procéder loin de l'ennemi, et à portée des centres d'où ils auraient pu tirer leurs approvisionnements, à la formation des corps d'armée, c'est sur la frontière même, depuis Belfort jusqu'à Thionville, qu'on les a échelonnés tout d'abord, manquant de tout, de vivres, de munitions, de campement, de chevaux, dont il a fallu attendre l'arrivée pendant plusieurs jours ou se pourvoir sur place, et le 5ᵉ corps notamment, réuni à Bitche, avait déjà commencé ses opérations tandis que son artillerie de réserve se trouvait encore à Langres. Ajoutons que toute cette armée ainsi éparpillée ne comptait pas plus de 250,000 hommes.

son armée en plusieurs corps, chargés de poursuivre des buts différents, en laissant toutefois à chacun d'eux une force suffisante pour le mettre en état de surmonter les obstacles qu'il est susceptible de rencontrer.

Dans la défensive, que l'on doit adopter seulement dans le cas où il est impossible de faire autrement, il faut se garder de disséminer ses forces, faire au contraire tous ses efforts pour les concentrer et éviter les engagements partiels où l'on n'est pas absolument certain d'être le plus fort.

Après les échecs de Wissembourg et de Reischoffen, la marche à suivre était dictée par les événements eux-mêmes. Tandis que le rôle de l'ennemi était de s'opposer par tous les moyens possibles à notre concentration, le nôtre était de l'opérer rapidement, et, dans ce but, il était urgent de porter par les voies les plus directes tous les corps sur Metz, où des dispositions auraient été prises pour couvrir, avec toute l'armée réunie, la route de Paris. On pouvait alors choisir son terrain et se placer dans les conditions indispensables pour engager une bataille, ce qu'on ne doit faire, selon Napoléon, que lorsque l'on a soixante-dix chances sur cent de la gagner.

C'était donc une grande faute d'entreprendre devant l'ennemi cette longue marche circulaire qui devait, après vingt-cinq jours, aboutir à Sédan, marche de flanc que personne n'éclairait ni ne protégeait, qui était un danger permanent, et dont l'incohérence s'explique par l'ignorance complète des mouvements de

l'ennemi, par l'absence de plan arrêté et par le manque
absolu de cartes pouvant servir à la diriger.

Il est avéré aujourd'hui que les ordres de mouve-
ment partaient de Paris. Cette manière de procéder
est déplorable et, de l'avis de tous ceux qui possèdent
quelques notions de la guerre et qui connaissent l'histoire, elle a été féconde en désastres toutes les fois
qu'on l'a employée. Les revers mémorables des dernières années de Louis XIV ne sont pas dus à une
autre cause; aussi, l'auteur des *Maximes et Instructions*, que nous avons déjà cité, adresse-t-il au général
les conseils suivants, dans le but de le mettre en garde
contre d'aussi dangereux errements :

« Tu peux te laisser donner l'objet et le but; mais,
« dès que tu es en face de l'ennemi, n'accepte de ton
« gouvernement aucun plan tout fait, aucune instruc-
« tion déterminée sur la manière de conduire la
« guerre. Le choix de ta personne doit impliquer une
« confiance entière en toi de la part de ceux qui te
« délèguent : s'ils veulent t'envoyer des ordres à dis-
« tance, résigne net le commandement dont tu es
« investi, parce que l'histoire apprend que les minis-
« tres et les souverains, placés loin du danger, ne
« sauraient aussi bien juger de l'état de choses qu'un
« homme capable voyant par ses yeux. Rappelle-toi
« Montécuculli, rapportant, au retour d'une campa-
« gne, tous les plis encore cachetés qu'on lui avait
« adressés pour lui dicter ses opérations, et fais plus
« encore : brûle les plis semblables que tu recevras
« afin de n'avoir pas même la tentation de les lire;

« quand tu connaîtrais leur contenu, ta pensée en
« serait troublée, et ta lucidité propre pourrait s'éva-
« nouir par l'interposition d'idées étrangères. »

Avait-on dans les généraux en chef que l'on avait
choisis cette confiance entière dont il est parlé ici, et
qui doit faire laisser à leur seule expérience le droit
absolu de diriger leurs opérations ? Il est permis d'en
douter et de penser que les considérations personnelles
avaient été, là comme ailleurs, à peu près seules mises
en balance dans les choix qui avaient été faits.

Voilà pour l'ensemble. Voyons si, du moins, les détails approchent de cette perfection qui peut, selon les
écrivains militaires, suppléer, dans une certaine mesure, à l'insuffisance des premières conceptions.

Loin de là : dans cette armée qui marche à l'aven-
ture personne ne songe à s'éclairer ; c'est de Paris que
l'on attend des renseignements sur les mouvements
de l'ennemi. Suivant la funeste habitude que nous
avons déjà signalée, on oublie de se garder ; à Beaumont, le 5ᵉ corps, arrivé à six heures du matin, après
une marche de nuit, n'avait pas encore une grand'-
garde à onze heures, et la plupart des fusils étaient
démontés quand les obus sont venus pleuvoir au milieu du camp. A Sédan, depuis plusieurs jours, l'armée
française n'avait même plus de mot d'ordre. Dans les
bivouacs, des feux allumés pendant presque toute la
nuit indiquaient facilement à l'ennemi nos positions
et même la force des troupes qui les occupaient, tandis
qu'un vacarme assourdissant de tambours et de clai-
rons l'avertissait chaque matin de l'heure où l'on se

remettait en marche. La cavalerie, sans emploi, encombrait les routes et devenait un embarras, et les convois, mal conduits et mal escortés, marchaient dans un tel désordre qu'il leur eût été impossible d'échapper à une tentative hardie faite par le plus petit détachement ennemi.

Signalons encore la mauvaise habitude importée d'Afrique qui consiste à faire toujours déposer les sacs à la troupe qui va combattre, et dont la conséquence dans les cas fréquents où il n'est pas possible de revenir à l'endroit où ils ont été laissés, est de réduire le soldat, par la perte de ses effets, de ses vivres de réserve et d'une partie de ses munitions, à la plus déplorable des conditions.

Signalons aussi le dangereux usage, trop souvent pratiqué, de placer l'infanterie en bataille à une faible distance en arrière de l'artillerie, de telle façon que tous les projectiles destinés à cette dernière, et dont les éclats, en raison de la vitesse acquise, se projettent toujours en avant, venaient mettre le trouble dans les rangs de nos fantassins et les décimer avant qu'ils n'eussent trouvé l'occasion de se servir de leurs armes.

Nous passons rapidement sur toutes ces fautes, en quelque sorte personnelles et maintenant irréparables, pour nous appesantir seulement sur les vices de constitution auxquels il importe de remédier si l'on veut éviter dans l'avenir des désastres comme ceux que nous venons de traverser.

On a beaucoup répété le mot de trahison : nous ne nous arrêterons pas à cette accusation, dont le bon sens et la réflexion suffisent pour faire justice ; remarquons seulement l'analogie frappante qui existe entre notre situation en 1870 et celle de la Prusse en 1806, et ne soyons point étonnés si des événements semblables, produits par les mêmes causes, ont amené les mêmes récriminations. « Après une défaite aussi « signalée, dit lord Palmerston en parlant de la ba- « taille d'Iéna, il est naturel qu'on en cherche les « causes dans la trahison ou l'incapacité des officiers, « et il arrive souvent, en pareil cas, qu'on est injuste « envers des hommes de mérite qui n'ont d'autre tort « que de n'avoir pas réussi. » (*Journal de Lord Palmerston, publié par sir Henry Lytton Bulwer*).

« Les vraies causes de cet immense désastre, dit « plus loin le même écrivain, étaient une corruption « générale, une administration vicieuse jointe à la né- « gligence, à la présomption, à l'incapacité. »

C'est bien à ces mêmes causes qu'il faut attribuer nos défaites ; mais il convient d'y ajouter celle qui a primé sur toutes les autres et qui, à elle seule, suffirait largement à expliquer de pareils désastres. Ces officiers, ces généraux, chez un grand nombre desquels, depuis longtemps, nous constatons douloureusement une instruction insuffisante, sont les mêmes qui ont fait glorieusement les campagnes de Crimée et d'Italie ; mais ils commandaient alors à une armée et nous n'hésitons pas à affirmer qu'aujourd'hui cette armée n'existe plus.

Ce qui constitue une armée, ce n'est pas la multitude des hommes et des fusils ; ce n'est pas le nombre des engins de guerre ni leur perfectionnement : la condition la plus essentielle de son existence, c'est la discipline, sans laquelle on n'a plus que des bandes sans consistance et d'autant plus faciles à battre qu'elles sont plus nombreuses, car, chez elles, le nombre ne fait qu'ajouter à la confusion.

Le jour où l'indiscipline fait dans les rangs d'une armée sa première apparition, si une répression vigoureuse ne vient pas y mettre un terme sur-le-champ, cette armée est condamnée à périr. C'est la gangrène qui, se manifestant d'abord comme un point à peine perceptible, bientôt, si le chirurgien hésite à supprimer le membre attaqué, s'étend avec une effrayante rapidité et ne s'arrête plus jusqu'à la complète dissolution du corps qu'elle a envahi.

Qu'un soldat, passant dans la rue, rencontre un officier et ne le salue pas; qu'il se montre hors du quartier dans une tenue malpropre ou débraillée, ce sont autant de signes précurseurs du relâchement et de la perte de la discipline. Les lecteurs superficiels souriront et nous trouveront sans doute bien méticuleux; mais tous les militaires seront de notre avis; nous parlons des militaires sérieux et sachant leur métier. Dans une réunion d'hommes telle qu'une armée, le plus mince détail a son importance, et souvent les conséquences les plus graves sont amenées par les causes en apparence les plus futiles.

Il serait inutile de décrire longuement ici le spectacle navrant que nous avons eu sous les yeux pendant toute la durée de la campagne; quiconque y a pris part l'a vu comme nous et les révélations ne manqueront pas, à coup sûr. Mais aucune description ne saurait donner à ceux qui n'en ont pas été témoins une idée du désordre épouvantable de ces colonnes, marchant comme des troupeaux sur les routes, où elles laissaient derrière elles de longues files de traînards. L'imagination se représente avec peine ces nuées de pillards, s'abattant comme des sauterelles sur les fermes ou les villages qu'ils allaient ravager au loin ; ces légions de vagabonds qui, après avoir jeté le biscuit qu'on leur distribuait comme vivres de réserve, tendaient la main honteusement et imploraient la charité publique en prétendant qu'on les laissait mourir de faim. Quand des hommes ont à ce point perdu le sentiment de leur dignité personnelle, rien de leur part ne doit surprendre : des soldats, qui jetaient leurs cartouches pour n'avoir pas la peine de les porter, étaient bien résolus d'avance à ne pas aller au feu ; aussi avons-nous vu avec une douleur profonde, mais sans étonnement, des corps presque entiers se disperser et s'enfuir dès les premiers coups de canon.

Un pareil désordre a-t-il pu tout d'un coup s'introduire dans une armée? Assurément non. L'origine du mal date de loin, et ce n'est que progressivement qu'il est arrivé à prendre ces proportions effrayantes que nous lui avons vues.

Là encore nous trouvons des causes multiples.

La loi des 8 et 28 février et 15 mars 1849, en faisant des soldats des électeurs qui ont, comme tels, le droit de venir contrôler les opérations de leurs supé-

rieurs membres des bureaux, a porté une première
atteinte à la hiérarchie, qui est la base de toute discipline. Nous avons entendu des soldats répondre à leurs
officiers : « Je suis autant que vous. » Incapables
d'établir une distinction entre l'égalité politique et
celle qui consisterait à abolir complétement l'obéis-
sance et le principe d'autorité, sans lequel, pas plus
que tout autre corps social, une armée ne peut subsis-
ter, ces hommes étaient logiques à leur manière. Mais
l'armée n'est pas un corps politique. Sa mission,
toute de dévouement, consiste à défendre le pays, à
l'extérieur contre l'étranger, à l'intérieur contre le
désordre, et, pour pouvoir l'accomplir sans faiblesse,
le militaire doit avant tout faire abnégation complète
de son individualité et sacrifier au devoir ses préfé-
rences, aussi bien qu'il lui sacrifiera sa vie et tous ses
intérêts personnels. L'armée est au service du pays,
et non de tel ou tel gouvernement ; pour qu'elle con-
serve l'unité et par suite l'énergie de son action, il
faut qu'elle se tienne en dehors des débats de la politique, qui irritent et divisent. Il faut donc qu'elle accepte, quelles qu'elles soient, les institutions que le
pays se sera données, et qu'elle se borne à leur prê-
ter son appui sans les discuter. Pour cela, il est indispensable que le militaire cesse d'être électeur pendant
qu'il est sous les drapeaux.

La loi du 26 avril 1855, sur la dotation de l'armée,
porte au plus haut degré le cachet des deux vices do-
minants de notre époque, le culte de l'argent et la
prépondérance donnée aux intérêts particuliers sur

l'intérêt général. Depuis longtemps, les esprits éclairés s'élevaient contre la plaie du remplacement ; sous prétexte de le supprimer, la loi de 1855 n'a fait, au contraire, que le généraliser. Le soldat, en effet, qui pour de l'argent consent à prolonger ses services au delà du terme que leur assigne l'obligation imposée à tout citoyen, devient par ce fait un remplaçant, tout comme celui qui, n'appartenant pas à l'armée, accepte, moyennant rétribution, de prendre dans ses rangs la place d'un autre. La seule distinction possible, et elle est spécieuse, c'est que, sous l'empire de la loi sur la dotation, l'État se faisait l'intermédiaire entre le remplaçant et le remplacé, au lieu de laisser ce rôle à des courtiers, comme cela se pratiquait auparavant. Mais, si les voies d'exécution différaient, les résultats n'en étaient pas moins identiques.

L'homme qui se rengageait avec prime recevait comptant une certaine portion de celle-ci, et ce n'était pas là une des moindres tentations qui le déterminaient. Une fois en possession d'une somme relativement considérable, le rengagé n'avait plus d'autre souci que de la faire servir à la satisfaction des appétits les plus grossiers ; elle était dévorée en quelques jours dans la fainéantise et la débauche, et, après cette excursion dans un milieu dégradant, il n'était pas rare de voir des hommes, jusque-là bons serviteurs, contracter des habitudes qui les transformaient en piliers de salle de police et de prison.

Le rengagement des sous-officiers entraînait des conséquences non moins fâcheuses. D'abord, il encombrait les cadres de non-valeurs : au delà d'un certain âge, les forces physiques de l'homme ne lui permettent plus de supporter une campagne faite dans les conditions fatigantes où est placée la troupe. Ces hommes, dont la plupart n'étaient retenus au service que par l'appât du gain, voyaient donc avec peine se produire les chances de guerre, et n'aspiraient qu'au repos de la retraite et à la jouissance des quelques cents francs de rente qui leur étaient acquis. Beaucoup d'entre eux étaient adonnés à l'ivrognerie, et, si l'on consentait à accepter leur dernier rengagement, c'était seulement parce que l'on reculait devant une exclusion qui leur aurait fait perdre le bénéfice de leurs services antérieurs.

Il résultait de cet encombrement que les rangs de l'armée se fermaient peu à peu aux jeunes gens de la classe moyenne qui s'enrôlaient autrefois avec l'espoir d'arriver à l'épaulette, et qui, rebutés par l'impossibilité de parvenir même au grade de sergent, ont aujourd'hui renoncé à une carrière où ils ne trouvent plus aucun avenir. Or, dussions-nous être ici en contradiction avec certaines théories qui font de toutes les vertus l'apanage exclusif de ce qu'on appelle improprement le *peuple*, nous prétendons au contraire que les sentiments élevés, le patriotisme, le dévouement, le culte de l'honneur et du devoir ne se trouvent que chez ceux dont l'éducation a développé les dons naturels. Chez ceux-là se trouvaient véritablement l'entrain et la vigueur qui ont fait nos triomphes passés et que l'on demanderait vainement à nos soldats d'aujourd'hui (1) ; c'est parmi eux aussi que l'on trouvait à recruter de bons cadres de sous-officiers et de caporaux, qu'il est absolument impossible de renouveler aujourd'hui, et aucun militaire n'ignore l'énorme influence exercée par ces cadres sur la bonne organisation d'une troupe et sur le maintien de la discipline.

En 1859, la loi de la dotation était encore trop récente pour avoir produit tous ses funestes effets et l'on a pu se tromper sur les résultats qu'elle était susceptible de donner : dix ans plus tard, l'expérience était complète, et, en 1868, on était obligé d'y renoncer.

Si nous insistons de la sorte sur les mauvais côtés d'une loi abrogée maintenant depuis trois ans, ce n'est pas sans raison : elle a été l'un des agents les plus pernicieux de notre désorganisation, et, aujourd'hui encore, l'armée n'est pas entièrement purgée des éléments malsains qu'elle y a introduits, ni délivrée de sa fatale influence.

Nous avons fait apercevoir combien nos dernières campagnes d'Algérie avaient été nuisibles au point de vue de l'instruction militaire : au point de vue de la dis-

---

(1) Vers la fin du combat de Beaumont, un général de division, accompagné d'un officier de son état-major et d'un officier d'ordonnance, essayait de se maintenir avec cent cinquante hommes environ sur un petit mamelon situé à cinq cents mètres du pont de Mouzon. Entouré de feux, et voyant déboucher la tête d'une forte colonne d'infanterie, le général ordonna une charge à la baïonnette. Une cinquantaine d'hommes obéirent ; les autres se couchèrent par terre, tandis que le reste du bataillon, à l'abri au pied du mamelon derrière lequel il s'était réfugié, nous tirait de là au hasard des coups de fusil dans le dos.

cipline, elles ne l'ont pas été moins. L'indépendance d'allures et le débraillé qui, peu à peu, sont passés à l'état d'institution dans nos troupes expéditionnaires d'Afrique, et particulièrement dans les régiments de zouaves, se sont étendus rapidement au reste de l'armée, et il semble acquis aujourd'hui que l'entrée en campagne doive être le signal de l'abolition de toute contrainte.

Les bataillons de zouaves, composés dans le principe de soldats choisis, puis transformés en régiments et devenus le *refugium* de tout ce qui sort des compagnies de discipline, ne se distinguent plus depuis longtemps des autres corps d'infanterie que par cet esprit d'insubordination auquel ils doivent, d'ailleurs, une grande part de leur popularité. Une armée reflète nécessairement le caractère de la nation à laquelle elle appartient. Dans un pays comme le nôtre, où le besoin d'opposition et l'horreur de toute règle existent à un si haut degré, où ceux qui sont ou qui se disent les organes de l'opinion parlent sans cesse de droits et bien rarement de devoirs, il n'est pas étonnant que ce même esprit, une fois introduit dans les rangs de l'armée, y ait fait des progrès rapides, étant donné surtout un concours de circonstances comme celles dont nous avons été témoin.

Le séjour des grandes villes, en établissant un contact permanent entre le soldat et cette population déclassée toujours avide de trouble; celui des camps, où la surveillance est plus difficile, et où, trop souvent, les officiers, au lieu de chercher à maintenir la discipline, donnaient eux-mêmes l'exemple du désordre et de l'oubli de leur propre dignité, ont puissamment contribué à développer de funestes tendances et, dans ces dernières années, sont venus s'y joindre les efforts coupables de ce parti qui semble avoir pris à tâche le renversement de tout ce qui existe. Qui ne se rappelle les tentatives faites, dans plusieurs grandes villes, pour attirer les soldats, au mépris de l'interdiction prononcée avec raison, dans ces clubs où se développpaient les doctrines les plus insensées et les plus subversives ? Qui n'a présentes à la mémoire ces interpellations qui venaient se produire jusqu'à la tribune du corps législatif comme un encouragement public donné aux militaires qui manquaient à tous leurs devoirs. Nous entendons encore M. Gambetta, traitant la discipline de « servitude militaire », M. Rochefort s'écriant que « des soldats on veut faire des automates », enfin M. Raspail demandant sans périphrase « l'abolition de la discipline militaire ». Si nous rappelons ces manœuvres, dont le but est trop évident, c'est pour les flétrir comme elles méritent de l'être, et nous avons la certitude que tous les gens sensés et honnêtes ont compris comme nous la portée de ces paroles prononcées dans sa réponse par le ministre de la guerre :

« Si très-fréquemment des questions sur la discipline
« journalière et intérieure de l'armée venaient se poser
« à cette tribune, alors le régime préconisé par
« M. Raspail s'établirait tout naturellement, et il obtiendrait ainsi la réalisation de ses vœux, l'abolition
« de la discipline militaire. »

Au lieu de réagir contre des tendances depuis longtemps et de plus en plus accusées, que faisait-on d'autre part ? Le besoin d'une popularité dangereuse faisait se relâcher de plus en plus des liens qui sont la seule garantie de l'existence des armées ; la paternité passait à l'ordre du jour, et une coupable et imprévoyante indulgence remplaçait la juste sévérité dont les militaires de la vieille roche n'avaient garde de se départir. En même temps que les officiers contractaient la funeste habitude de discuter le commandement, celui-ci semblait s'attacher à supprimer les intermédiaires, et l'on voyait, à l'heure du rapport, l'antichambre des colonels encombrée de simples soldats qui venaient directement réclamer contre leurs supérieurs, et qui étaient presque toujours bien accueillis. La hiérarchie allait donc disparaissant chaque jour, et les officiers, qui sentaient leur influence diminuer dans la même proportion, finissaient par arriver à la plus complète indifférence en matière de discipline, et par s'affranchir le plus possible des obligations de leur service qu'ils ne remplissaient plus qu'avec dégoût. Les conseils de guerre eux-mêmes étaient devenus impuissants pour la répression, car, indépendamment des mesures prises en vue d'adoucir le plus possible la rigueur des lois militaires, des grâces périodiques et nombreuses, dictées par cette même recherche de popularité que nous avons signalée plus haut, venaient fréquemment détruire l'effet des condamnations qu'ils avaient prononcées (1).

-------------------------------------------------------------------------------

(1) En parlant tout à l'heure de l'indiscipline, nous avons

Voilà par quelle voie nous sommes arrivés à la catastrophe qui a été pour nous tous un cruel déchirement, mais qui a surpris seulement ceux qui n'ont pas l'habitude de regarder autour d'eux ni de réfléchir.

Après Sedan, pour tout homme doué de bon sens, l'expérience était complète; il fallait traiter, et les prétentions que la Prusse avait dès lors formulées prouvent qu'elle n'en était pas éloignée. Ces prétentions étaient exagérées, sans doute; mais il est permis de penser que le vainqueur demandait plus pour obtenir moins, et nous étions, d'ailleurs, à ce moment, en mesure de discuter nos conditions : toutes nos places fortes encore en notre pouvoir, notre armée de Metz qui se défendait énergiquement, étaient des arguments qui devaient peser d'un certain poids dans la balance, et sur lesquels nous pouvions nous appuyer victorieusement pour repousser des exigences alors injustifiables. Nous n'avons pas l'intention de toucher à la politique; aussi nous abstiendrons-nous de rechercher pour quelle cause la Prusse, un peu plus tard, a refusé d'entrer en négociations, les motifs, ou si l'on veut les prétextes de ce refus ayant été, du reste, parfaitement compris de quiconque a voulu raisonner sans parti pris. Un jour viendra où l'histoire jugera, sévèrement peut-être,

---

commis une omission que nous avons à cœur de réparer en constatant que, pendant toute la campagne, l'artillerie, par son attitude énergique et par son admirable dévouement, a formé un honorable contraste avec les troupes des autres armes. Rendons le même hommage aux compagnies du génie et à l'infanterie de marine.

les événements et les hommes ; en attendant que le temps, faisant taire les passions, ait mis au jour la vérité, nous limiterons notre tâche à l'examen de notre situation militaire, qui entre dans une nouvelle phase le jour où le Gouvernement, bloqué dans Paris, se voit dans la nécessité de confier tous les pouvoirs à une sorte de dictature.

À partir de ce moment, nous tombons dans un gâchis où l'horrible coudoierait le grotesque si tout, dans ce lamentable drame, n'avait une haute gravité. Dès le 11 octobre, un décret suspend toute loi sur l'avancement, et, « considérant, dit l'auteur, qu'il importe de faire appel aux jeunes talents, » décide que des grades militaires pourront être conférés à des personnes étrangères à l'armée. Sans prétendre que l'expérience soit l'apanage exclusif de la décrépitude, nous pensons qu'un noviciat d'un certain temps est indispensable à quiconque veut être à même de remplir convenablement les obligations du grade supérieur à celui qu'il occupe. La loi de 1832 avait donc sagement fait en exigeant dans chaque grade une certaine ancienneté, et, en réduisant en campagne cette ancienneté aux limites extrêmes qu'elle avait fixées, elle avait suffisamment prévu toutes les nécessités pour qu'il devînt inutile d'y porter atteinte.

L'introduction dans l'armée, avec des fonctions ou des grades, d'éléments qui lui sont étrangers est une hérésie dont nous n'avons pas besoin de démontrer la dangereuse absurdité : on rirait sans doute d'un homme qui aurait la prétention de faire des souliers sans être cordonnier ; il n'est pas moins ridicule de prétendre s'improviser dans une profession qui ne consiste pas uniquement à porter des épaulettes.

Mais le décret du 11 octobre permettait de satisfaire toutes les cupidités ; aussi devient-il dès son apparition le signal d'une curée de places et d'appointements telle qu'aucune révolution n'avait encore vu se produire rien de semblable. Des journalistes sont nommés généraux de division ; des avocats deviennent intendants. Tout en stigmatisant le favoritisme impérial, on pratique un favoritisme plus honteux encore, et, comme si ce n'était pas assez d'appeler aux emplois des gens incapables de les occuper, bientôt on arrive à introduire dans les cadres de l'armée des hommes pourvus d'antécédents judiciaires. C'est ainsi que nous avons vu un pharmacien, naguère assis sur les bancs de la police correctionnelle, revêtu de l'uniforme de général et, ce qui est plus triste encore, des insignes de la Légion d'honneur. Des aventuriers en démence, des condottiere sans emploi sont accueillis à bras ouverts et transformés en généraux et en colonels de théâtre, et en voyant défiler ces bandes vêtues des oripeaux les plus fantastiques, on croirait assister à la parade de quelque cirque forain. Hélas ! en contemplant cette mascarade, on ne pouvait s'empêcher de se demander ce qu'était devenu le bon sens public, et de s'avouer qu'une nation qui assistait sans honte à de pareils spectacles devait être bien dégénérée.

Quant à l'armée régulière, elle n'existe plus pour ainsi dire. Est-il, en effet, possible de donner ce nom à des corps composés de soldats n'ayant pas trois mois de service et d'officiers dont le plus grand nombre ne sont pas plus anciens que leurs soldats? Quand on examine la composition de ces cadres, et que l'on y trouve des hommes qui, simples soldats au début, arrivent, en moins de quinze jours au grade de capitaine; d'autres qui sont mis en campagne pourvus d'emplois d'officiers sans avoir jamais franchi la porte d'une caserne; quand on sait par quelles sollicitations écœurantes la plupart de ces nominations sont obtenues, et que l'on met en regard de ces avancements si faciles les obstacles, souvent infranchissables, qui sont opposés à celui des officiers venus des anciens cadres de l'armée; enfin, quand on constate que dans ces régiments il n'existe réellement pas un sous-officier ni même un caporal, on ne s'étonne plus de l'effroyable désordre qui y règne et des désastres journaliers qui en sont la conséquence. Un seul exemple suffira pour faire comprendre quelles proportions la désertion atteignait dans cette armée, malgré le cordon de gendarmes organisé sur ses derrières pour arrêter les fuyards : le 6 décembre, le dépôt d'un régiment d'infanterie envoyait à l'armée deux cents hommes; le 21 décembre cent autres partaient à leur tour, et le 11 janvier, sur ces trois cents hommes, cent quatre-vingt-cinq étaient signalés comme déserteurs. Dans l'armée dite auxiliaire, la contrainte était moindre encore, et l'on a vu des compagnies entières de francs-tireurs abandonner le champ de bataille et rentrer tranquillement dans leurs foyers.

Avec de tels éléments, nous convenons qu'il était difficile de bien faire ; mais cette difficulté-même devait être une raison de plus pour appeler à la direction des affaires militaires des hommes dont l'expérience pouvait être mise à profit et dont le patriotisme n'était pas douteux.

Mais ceux qui allaient bientôt, dans des proclamations d'un style emprunté à 1793, dénoncer comme traîtres tous les *chefs* de l'armée, et jeter ainsi dans les rangs de cette dernière un nouvel élément de dissolution, ceux-là devaient nécessairement tenir à l'écart quiconque n'avait pas une foi entière dans leurs élucubrations insensées. C'est ainsi que, sans demander même l'avis d'aucun général, un conseil formé d'avocats et d'ingénieurs est chargé d'élaborer des plans de campagne.

Si la prétention de diriger de loin des opérations militaires est toujours excessive, elle devient particulièrement dangereuse quand ce sont des hommes absolument étrangers à l'art de la guerre qui se mêlent de régenter les généraux. Les tristes résultats de cette manière de procéder ne vont pas tarder à se produire. Ignorant que, dans une guerre défensive, la dissémination des forces est la plus grossière de toutes les erreurs, on continue ce système d'éparpillement qui nous a été si fatal dès le commencement de la campagne : la délivrance de Paris étant l'unique préoccupation du moment, on imagine, pour y parvenir, d'envelopper l'armée d'investissement dans un vaste cercle concentrique, sans paraître se douter qu'en raison du développement excessif qu'on est obligé de lui donner, tous les points de cette ligne enveloppante sont nécessairement de beaucoup moins résistants que les points correspondants de la ligne qu'on cherche à briser. On semble croire que, pour réussir, il suffise de pousser quand même en avant, sans se rendre compte que l'ennemi, en ouvrant un passage devant nos corps d'armée, leur tend une souricière, et quand un général, le seul qui nous ait donné un succès parce qu'il est le seul qui ait su imposer à ses troupes une rigoureuse discipline, se permet de manifester l'appréhension d'un danger que son expérience lui fait pressentir, on le décrète de trahison. Aucun effort n'est tenté en faveur des places assiégées que l'on abandonne à elles-mêmes, et lorsque, réduites par le feu ou par la famine, elles sont obligées de capituler successivement, c'est encore à la trahison que l'on attribue leur chute.

La mission des éclaireurs ne consiste pas à combattre ; mais seulement à fouiller le pays en avant des colonnes, afin de pouvoir les avertir de ce qui se passe. Ce n'est qu'à l'ignorance de ce principe que l'on peut attribuer ces dépêches signalant comme des avantages la retraite des patrouilles de uhlans qui, parvenues à portée des villes ou des villages, se repliaient en les trouvant occupés par quelques hommes en armes. C'est sans doute aussi l'habitude d'interpréter ainsi des opérations toutes simples qui a donné lieu à ces instructions par lesquelles il était recommandé à tout village, à tout hameau de se mettre en état de défense, tandis que la connaissance la plus élémentaire de l'art de la guerre aurait suffi pour faire comprendre l'inanité de semblables obstacles.

« Ne vous opposez pas systématiquement à son pas-
« sage, lisons-nous dans les *Maximes et instructions*
« *sur l'art de la guerre*; laissez-le s'avancer dans votre
« territoire s'il doit en même temps s'affaiblir : vous
« l'inquiéterez peut-être davantage en faisant le vide
« devant lui qu'en lui disputant des défilés ou des po-
« sitions qu'il peut forcer en vous écrasant ou tourner
« en vous coupant. »

La résistance successive de tous les villages occupés par des détachements qui ne pouvaient suffire à les protéger efficacement, n'avait d'autre résultat que de provoquer leur dévastation. La destruction des routes et des ouvrages d'art, également recommandée, amenait des conséquences presque aussi regrettables. Ces mesures, bonnes dans une retraite, où d'un retard de quelques heures apporté à la marche de l'ennemi peut dépendre le salut d'une armée qui est serrée de près, sont sans influence appréciable sur les progrès d'une invasion, et elles ont le tort immense d'occasionner, à la paix, des dépenses considérables pour remettre les choses en état.

Toutes ces fautes, et d'autres encore, auraient pu être évitées si, avant de donner des ordres pour lesquels on n'admettait aucune objection, on avait daigné consulter quelques militaires. Mais le besoin de parodier tous les errements de la Convention, dont on ressuscitait jusqu'aux commissaires civils, était cause que l'on éloignait soigneusement tous les hommes spéciaux pour n'écouter avec faveur que des stratégistes de hasard, qui à leur immense incapacité joignaient une immense présomption.

C'est ainsi qu'en dirigeant par les voies rapides une armée sur la région de l'Est, dans une situation déjà très-dangereuse, on rendait cette situation tout à fait critique en oubliant de calculer le temps nécessaire aux convois de matériel, de vivres et de munitions, et on préparait la désorganisation de cette armée en la laissant, dès le début, manquer de tout ce qui lui était indispensable.

Est-il besoin de dire la fin : près de quatre-vingt mille hommes, acculés à la frontière, forcés d'aller demander à un pays neutre l'hospitalité qui peut seule leur épargner une capitulation en rase campagne ; un général estimé et aimé de l'armée entière, désespéré de ne pouvoir ramener ses troupes qui s'enfuient à la débandade, se brûlant la cervelle, peut-être afin de se soustraire au décret de trahison qui l'attend pour n'avoir pas réussi ?

Des fautes nombreuses nous avaient menés à Sedan ; des fautes non moins graves ont achevé en cinq mois de nous mettre à la discrétion de la Prusse, et, si nous trouvons aujourd'hui trop lourdes les conditions qu'elle va nous imposer, elle peut, comme Brennus, jeter son épée dans la balance et nous répondre : *væ victis !*

Ce n'est point l'heure de récriminer ni de se livrer à de vaines déclamations. Rentrons plutôt en nous-mêmes et tâchons que cette terrible leçon nous soit profitable. La France est abaissée, sans doute; mais elle a trop de vitalité encore pour ne pas se relever, si elle sait rester unie et demander aux hommes entre les mains desquels elle va mettre ses destinées non plus de vaines paroles, mais des actes justes et sensés. Que le pays comprenne enfin que la faconde des avocats, qui, depuis plus de trente ans, le bercent avec des discours creux et sonores, ne saurait remplacer l'expérience des hommes spéciaux. Qu'un gouvernement sage et honnête reconstitue par son exemple la morale et la conscience publiques, dont le renversement nous a été si funeste, et, s'inspirant du dévouement récemment mis à l'épreuve de l'homme éminent qui est à sa tête, qu'il n'hésite pas à placer l'intérêt général au-dessus des intérêts particuliers. Mais, avant tout, qu'il assure la paix intérieure, sans laquelle il n'est pas possible de travailler efficacement à la reconstruction de l'édifice ébranlé, et que le pays tout entier cesse d'être à la merci de quelques drôles, ennemis de tout ordre et de toute loi, qui ont donné leur mesure en faisant cause commune avec l'étranger, et contribuant à paralyser la défense de notre capitale assiégée.

Méfions-nous des théoriciens qui ne vont pas manquer de demander encore l'abolition des armées permanentes. Dans un temps où, comme au moyen âge, la violence est la seule loi, où le droit de conquête semble universellement accepté, un pays qui veut vivre doit être en état de faire respecter son intégrité. Nos désastres ne prouvent rien contre les armées régulières;

mais ils font ressortir clairement une chose, c'est que
celles-ci, pour être redoutables, ont besoin d'être solidement organisées.

« Et quand vous me parlez, disait récemment encore
« M. Thiers, d'une politique qui consisterait à se pas-
« ser d'armées permanentes, et à armer toute la na-
« tion, messieurs, ce n'est pas le cas aujourd'hui de
« discuter cette question. Je n'ai pas besoin de dire
« que, quant à moi, tout en appréciant l'énergie de la
« nation française qui a fait ses preuves, je trouve
« pourtant qu'on fait bien de confier sa sûreté à des
« hommes ayant l'habitude de la guerre, en ayant le
« savoir, car la guerre est devenue un art profond,
« ayant des habitudes de discipline et toutes les con-
« ditions qui font que les armées fortement organisées
« ont toujours, même chez les nations les plus braves,
« un avantage considérable sur leurs rivales. »

Est-ce ignorance ou mauvaise foi ? Tous ceux qui
demandent la destruction des armées permanentes ne
manquent jamais d'invoquer à l'appui de leur opinion
le souvenir des victoires de notre révolution. Or, si
nous avons eu des succès en 1792, nous les devons à
Dumouriez et à l'armée royale ; le jour où celle-ci se
désorganise et où les volontaires apparaissent, nous en-
trons dans une période de revers qui se continue sans
interruption jusqu'à la fin de 1793. Battus dans le
nord par les Autrichiens et les Prussiens, aux Alpes
par les Piémontais, aux Pyrénées par les Espagnols,
nous ne commençons à ressaisir l'avantage qu'au moment où les armées de la République, formées par le

temps et l'expérience, redeviennent de véritables armées.

Ce n'est pas avec l'enthousiasme que l'on gagne des batailles, parce que l'enthousiasme exclut habituellement l'ordre et la méthode, et nous nous défions toujours de ces troupes que nous voyons partir en criant et en [chantant. Quand nous n'aurions pas d'autres exemples, nous dirions que si les bandes de volontaires devaient avoir quelque part raison des armées régulières, la Pologne, qui a donné des preuves d'un patriotisme souvent plus vivace que le nôtre (1), la Pologne n'aurait pas succombé.

Il faut donc faire justice des utopies, et travailler sans relâche à nous donner une armée solide, capable de soutenir une lutte dont les procédés de nos ennemis doivent faire pressentir le retour dans un avenir plus ou moins éloigné. Nous allons indiquer rapidement les mesures qu'il nous paraît opportun de prendre pour obtenir ce résultat.

D'abord, il faut licencier l'armée, et en reconstituer les cadres avec les éléments sérieux qui nous restent,

---

(1) Pendant toute la campagne, il nous a été impossible d'obtenir des paysans le moindre renseignement sur la marche ou la position de l'ennemi; la terreur qu'ils en avaient était telle que nous avions les plus grandes difficultés à nous procurer des vivres dans les villages, où on les réservait pour les réquisitions faites par ses ordres, et dans une grande ville de l'Est, nous avons entendu le fils du maire, remplissant en l'absence de son père les fonctions municipales, répondre à un sous-intendant : « Eh! monsieur, si vous nous prenez tout, que nous restera-t-il « à donner aux Prussiens quand ils arriveront? »

en les purgeant de tous les parasites qu'on y a introduits depuis six mois. Quant à la troupe, la plus
grande partie doit rentrer dans ses foyers, parce que
des hommes qui n'ont connu que le désordre ne feront
jamais que de mauvais soldats.

Depuis la loi du 21 mars 1832, toutes celles qui ont
touché au recrutement n'ont eu d'autre but que de diminuer les charges qu'il fait peser sur les populations,
et ont sacrifié sans ménagement toute notre organisation militaire à un intérêt respectable, sans doute,
mais qui ne doit cependant pas faire oublier complétement l'intérêt de la défense du pays. L'expérience
que nous venons de faire doit prouver aux plus incré-
dules que la meilleure loi n'est point celle qui pourra,
dans un moment donné, amener sous les drapeaux le
plus grand nombre d'hommes; mais seulement celle
qui permettra de donner à ces hommes l'instruction la
plus complète et l'habitude de la discipline. Comme
toutes les institutions bâtardes, la garde mobile ne
pouvait produire en ce sens que de médiocres résultats, et nous devons y renoncer aussi bien qu'à la
fantasmagorie des levées en masse. Le seul régime
susceptible de donner, quand le danger viendra, une
armée nombreuse et bien organisée, est celui qui
étendra à tous les citoyens, sans conscription ni remplacement, l'obligation du service actif pendant un
certain nombre d'années. Cette durée ne peut, selon
nous, être inférieure à trois ans, parce que l'expérience
prouve qu'un soldat n'est en état de faire un bon service en campagne qu'après deux années, au moins, de

présence sous les drapeaux. Mais plus cette durée sera limitée, plus il importera de rétablir dans les rangs de l'armée une discipline rigoureuse. La stricte observation de l'ordonnance sur le service intérieur amènera ce résultat, car cette ordonnance, sagement pondérée, donne à chacun des chefs, à tous les degrés de la hiérarchie, sa part d'influence et de responsabilité. Nous pensons aussi que, pour avoir le droit d'être sévère envers les autres, il faut être sévère envers soi-même ; aussi désirons-nous voir les officiers s'attacher plus sérieusement à l'accomplissement de leurs obligations, renoncer à la vie de *far niente* et d'estaminet pour s'occuper davantage de leur troupe, et faire, en un mot, revivre ce culte du devoir qui était autrefois l'honneur de nos régiments.

La discipline une fois remise en vigueur, il importera de la placer, en campagne, sous la sauvegarde d'une répression plus efficace et surtout plus immédiate que la répression, souvent insuffisante, des conseils de guerre ordinaires. Nous avons vu fréquemment des hommes, loin de redouter leur action, rechercher, au contraire, l'occasion de se faire traduire devant ces tribunaux, dans l'espoir qu'une condamnation à une détention de quelques mois viendrait les soustraire à l'obligation de marcher à l'ennemi. Ces tendances ne se reproduiront pas le jour où les conseils de guerre seront, aux armées, remplacés par des commissions militaires jugeant immédiatement et sans appel, et dont les arrêts, plus sévères, seront plus redoutés de ceux qui seraient tentés de s'y exposer. Il serait urgent qu'en temps de guerre la même juridiction et les mêmes pénalités fussent appliquées dans l'intérieur, afin de mettre un terme aux désertions innombrables que nous avons vues se produire, et à d'autres délits, non moins fréquents, commis dans ce même but d'é-chapper par la prison aux périls de la campagne.

En raison du peu de temps que les soldats seront appelés à passer sous les drapeaux, rien ne devra être négligé pour que leur instruction soit complète; mais il faut que cette instruction ne se borne pas à apprendre des manœuvres et des évolutions; il importe qu'elle soit surtout dirigée en vue des nécessités de la guerre, et que les cadres, en particulier, soient exercés soigneusement à faire le service en campagne. Soyons moins occupés de plumets, de chamarrures, et de tout ce qui n'a d'autre but que d'attirer les regards dans les parades, et ne perdons pas de vue qu'une armée n'existe réellement que le jour où elle connaît à fond ce qu'elle doit faire devant l'ennemi, et non quand elle sait seulement défiler dans une revue.

L'habitude de combattre des Arabes et des Chinois nous avait appris à trop dédaigner nos adversaires et à trop compter sur le hasard, et l'expérience que nous venons de faire ne paraît pas même avoir découragé certains optimistes qui, aujourd'hui encore, cherchent à démontrer que chez nous tout est pour le mieux. Ne persistons pas dans ce dangereux aveuglement; reconnaissons au contraire franchement notre infériorité, dont le but de cette étude a été de faire ressortir les causes, et tâchons d'y porter remède. Apprenons à

nos soldats à se bien servir de leurs armes en les exer-
çant constamment au tir ; enseignons-leur aussi à ne
pas s'en servir inutilement, et donnons-leur l'habitude
d'attendre toujours pour agir les ordres de ceux qui
les commandent : c'est une erreur trop répandue qui
fait attribuer un puissant effet à l'initiative indivi-
duelle; elle présente au contraire un grand danger
quand elle n'est pas soumise à la règle la plus stricte,
car elle engendre trop facilement l'indépendance, et
l'indépendance dans les rangs d'une troupe c'est le
désordre. Préparons les hommes par des marches fré-
quentes aux fatigues de la campagne, et rendons-leur
familière dans tous ses détails la pratique d'un service
que le plus grand nombre ignore au moment où la
guerre commence. C'est ainsi que nous aurons de
vrais soldats.

L'instruction des officiers doit attirer l'attention
d'une manière toute spéciale, car nous avons de grands
progrès à faire pour la placer au niveau qu'elle doit
atteindre dans une armée bien organisée. Nous avons
fait voir comment ce niveau s'est abaissé de plus en
plus, dans ces dernières années, par suite de la perte
des bonnes traditions et du dégoût pour le travail
qu'un détestable système de favoritisme a fait naître
chez la plupart des officiers. La première réforme à
opérer sera donc de renoncer franchement et complétement à ce système, et de faire qu'à l'avenir l'avancement au choix soit accordé uniquement aux officiers
que leur capacité mettra à même de rendre de bons
services dans le grade qui leur sera conféré. Cette ré-

forme, qui semble être une œuvre si simple, est plus compliquée qu'elle ne le paraît, car l'abus a poussé de profondes racines ; l'habitude de solliciter et celle d'écouter les solliciteurs sont en quelque sorte passées dans les mœurs de notre époque, et il est souvent bien difficile aux hommes les mieux intentionnés de discerner, dans un grand nombre de recommandations celles qui sont dictées par le désir de rendre justice, et celles qui n'ont d'autre but que de faire obtenir une faveur imméritée. C'est en raison de cette difficulté que nous demandons que le contrôle le plus étendu soit exercé sur les notes données à chaque officier par son chef immédiat, et que l'on attache à celles qui portent sur son intelligence, son instruction et sa manière de servir, une plus grande importance qu'à celles qui font mention de ses avantages physiques ou de sa fortune.

Afin de faciliter ce contrôle et de fournir aux officiers, en même temps qu'on les mettra dans l'obligation de travailler, la possibilité d'acquérir l'instruction que l'on doit exiger d'eux et qu'un certain nombre n'ont jamais reçue, voici ce que nous proposons.

Créer dans le chef-lieu de chaque division une sorte d'école militaire, c'est-à-dire y faire professer des cours auxquels tous les officiers de la garnison, sans aucune exception, seraient tenus d'assister. Ces cours porteraient sur les connaissances spéciales qu'un officier, pour servir utilement en campagne, doit nécessairement posséder. Nous n'avons pas la prétention de faire des sous-lieutenants des stratégistes ; un enseignemen trop élevé nous semble, au contraire, parfaitement inutile, et même dangereux en ce sens que, mal compris de quelques-uns, il n'aurait d'autre résultat que de leur inculquer des idées fausses et de leur donner une présomption souvent nuisible, mais nous pensons que des notions élémentaires de topographie, de fortification et d'art militaire, et la connaissance parfaite des petites opérations que l'on peut être appelé à exécuter même dans un grade inférieur, constituent un bagage qui n'est pas bien lourd à porter; mais qu'il est essentiel de donner à chacun, si l'on veut éviter dans l'avenir des énormités comme celles que l'on a vues se produire dans ces derniers temps. Les officiers qui seraient chargés de ces cours ne recevraient aucune espèce de rétribution ni d'avantages, afin d'écarter ceux qui, ne possédant pas toutes les capacités nécessaires, seraient alléchés par l'espoir d'un bénéfice quelconque à en retirer; il faut que ce soit là simplement une question de dévouement, et nous espérons que ce dévouement ne fera pas défaut; nous pensons, du reste, que celui qui est au service du pays lui doit tout son temps, sans avoir le droit de prétendre à une autre rémunération que la situation qui lui est faite.

Le roulement ordinaire des garnisons amènera successivement tous les corps au chef-lieu de la division, de sorte qu'en un temps donné tous les officiers auront été à même de fréquenter l'école divisionnaire, et l'on sera autorisé dès lors à exiger d'eux la preuve qu'ils en auront suivi les cours avec fruit. Afin de stimuler leur zèle, nous demandons que jamais on ne porte sur le tableau d'avancement celui qui n'aura pas donné ce témoignage par des épreuves sérieuses. Sans être partisan du système des concours, qui a rarement produit les résultats qu'on paraissait en espérer, nous pensons qu'il faut cependant un moyen de contrôle réel, et le mode employé jusqu'ici dans les inspections générales n'offre que peu de garanties. Pourquoi le général inspecteur, au lieu de demander seulement quelques travaux écrits, lesquels, le plus souvent, sont copiés les uns sur les autres ou signés de noms qui ne sont pas ceux de leurs auteurs, travaux que, d'ailleurs, on lit à peine, ne ferait-il pas subir à chacun une sorte de d'examen, en présence de tous les officiers réunis, comme cela se pratique pour la théorie ?

Quant aux officiers qui, par mauvaise volonté, se montreraient absolument rebelles à l'étude, il serait de toute justice de sévir rigoureusement contre eux, et de ne pas reculer même devant la non-activité pour faire disparaître des cadres des éléments incapables et d'un dangereux exemple. Nous ne verrions sans doute plus alors un si grand nombre de ces jeunes officiers qui semblent n'avoir d'autre souci que de se rapprocher le plus possible, par leur nullité et leur suffisance, de ces types dégénérés justement flétris du sobriquet de petits-crevés, ni de ceux qui, se glorifiant presque de leur ignorance, invoquent sans cesse pour y persister le prétexte qu'on ne leur a rien appris.

L'enseignement donné dans les cours divisionnaires serait répété dans les écoles régimentaires du second degré, et aucun sous-officier ne serait appelé à l'honneur de porter l'épaulette, s'il ne justifiait, par des épreuves analogues, qu'il possède l'instruction nécessaire pour occuper dignement l'emploi qui lui serait conféré.

Nous nous attendons à des objections nombreuses ; nous pourrions même dire d'avance quelles seront ces objections ; mais nous pensons qu'il est inutile de les discuter ici, et qu'il suffit, pour les réfuter, d'un seul mot : faisons l'expérience. Il n'en coûtera rien qu'un peu de ces loisirs que tant d'officiers dépensent aujourd'hui à profusion à s'occuper de tout autre chose que de leur métier, et nous avons la conviction que cette expérience sera concluante. Mais, s'il est vrai que l'on ne puisse pas parvenir en France à élever l'instruction militaire au niveau de celle que possèdent nos ennemis, il nous faut alors renoncer absolument à avoir jamais une armée.

Ce n'est pas sans intention que nous ne sommes pas revenu, dans ces dernières pages, sur la nécessité d'améliorer notre matériel d'artillerie ; cette nécessité est aujourd'hui si bien comprise et acceptée de tous qu'il nous aurait paru superflu d'y insister.

Depuis Cassandre, le rôle de tous ceux qui ont dit des vérités désagréables a été de prêcher dans le désert. Nous ne devons donc pas nous attendre, peut-être, à obtenir plus de succès. Nous nous estimerions heureux, néanmoins, et nous croirions n'avoir pas travaillé inutilement, si l'effort que nous avons tenté contribuait, dans la plus faible proportion, à éclairer

la voie devant ceux qui cherchent sincèrement le bien
du pays, et nous persistons à penser que les réformes
dont nous demandons instamment l'adoption peuvent
seules nous relever assez pour nous permettre de crier
à notre tour : *væ victoribus!*

Février 1871.

**E. P.**

Capitaine d'état-major.